pour faire la guerre aux tue-l'amour

Nous remercions les couples qui ont bien voulu nous confier leurs astuces :

Elsa, 44 ans, et Samuel, 45 ans, 3 enfants, mariés depuis dix-huit ans

Johanna, 36 ans, et Raphaël, 35 ans, 3 enfants, mariés depuis quinze ans

Camille, 35 ans, et Jean-Baptiste, 34 ans, 1 enfant, en couple depuis dix ans

Audrey, 38 ans, et Christophe, 38 ans, 3 enfants, mariés depuis dix-sept ans

Marion, 34 ans, et Sébastien, 35 ans, 2 enfants, mariés depuis douze ans

Bella, 38 ans, et Élidjah, 38 ans, 2 enfants, mariés depuis dix-huit ans

Illustration de couverture : Isabelle Maroger

www.editionsfleurus.com
ISBN : 978-2-2150-4755-1
N° d'édition : 08133

SOMMAIRE

INTRODUCTION

N'avez-vous jamais été troublé en croisant dans la rue un jeune couple amoureux, surtout quand le printemps montre le bout de son nez ? Elle, en petite robe, les cheveux au vent. Lui, très décontracté, souriant, la dévorant des yeux. Ils marchent main dans la main, ou parfois enlacés, ignorant le reste du monde. Ah ! cette façon de se parler à l'oreille et d'éclater de rire au moindre prétexte ! Cette audace de s'arrêter au beau milieu du trottoir pour s'embrasser !

Laissant les jeunes amoureux à leur balade, vous rentrez chez vous : votre conjoint, vos enfants vous attendent. Un dîner vite avalé, les enfants racontent leur journée, il faut changer la couche du bébé… Tout ce petit monde au lit, vous vous écroulez enfin sur le canapé. Vous glissez un regard vers votre conjoint… affalé tout comme vous, les yeux rivés sur l'écran de la télévision ou de l'ordinateur.

Vous repensez soudain aux jeunes amants croisés sur le trottoir et votre cœur se serre. N'y aura-t-il plus jamais aucun printemps pour vous ? Les balades, les baisers, les fous rires, les secrets sont-ils révolus ?

Attention, si une telle pensée traverse parfois votre tête, le danger du désamour vous guette peut-être ! Quoi, vous récriez-vous, mais j'aime mon mari, ma femme, mon compagnon, ma compagne ! Oui, mais… il y a tous ces petits détails, ces petites choses qui n'ont l'air de rien qui vous chiffonnent. Les chaussettes qui traînent vous exaspèrent, le son de la télévision devient soudain insupportable et la perspective du week-end vous déprime avant même de le commencer : vous faites toujours la même chose… Il est temps de reprendre les choses en main !

Évidemment, ce n'est plus comme « avant » : vous n'êtes plus les deux jeunes amoureux d'antan, sans obligations professionnelles ou sans enfants. Mais les changements ne sont pas forcément négatifs, à condition d'ouvrir les yeux pour mener une guerre impitoyable contre tous ces tue-l'amour qui distillent leur poison, si l'on n'y prend garde, bien plus efficacement que les nouvelles responsabilités de couple que vous pouvez avoir. On croit ne plus s'aimer… alors qu'il suffit souvent de changer quelques petites habitudes, de mettre en pratique deux ou trois bonnes idées pour retrouver le frisson des jeunes amants – tout en goûtant la complicité et la simplicité d'une relation entre deux personnes qui se connaissent de mieux en mieux.

Aujourd'hui, le couple a changé. Les femmes sont plus actives, plus indépendantes. Nos relations amoureuses sont différentes de celles de nos parents. Il y a une plus grande fragilité, mais aussi une plus grande sincérité et une plus grande liberté. Rien n'est jamais acquis. C'est une chance, mais aussi un risque. Le stress, la fatigue, les problèmes de partage des tâches, le manque de temps à deux sont aussi devenus les pires ennemis du couple. Tout le reste en découle : négligence, laisser-aller, manque d'attention, problèmes de communication… Tous les couples sont confrontés aux mêmes difficultés. Tous traversent des périodes de crise et de doute. La vie à deux n'est pas un lit de roses, une idylle permanente !

Faut-il désespérer, se résigner à ce que le désir se réduise comme une peau de chagrin et que l'amour se mue en une tendresse de vieux amants combattants ?

Heureusement non ! Certains couples qui affichent fièrement 10, 12, 15, 18 ans de vie commune pourraient faire pâlir d'envie bien des jeunes tourtereaux ! Tous ont su trouver des antidotes puissants contre le désamour et fourmillent d'astuces pour faire la guerre aux tue-l'amour : télévision, chaussettes qui traînent, pyjama en pilou pilou, silence de plomb ou copains envahissants n'ont pas su leur résister. Ce sont leurs astuces qu'ils vous livrent dans ces pages.

1 ADIEU NUISETTE, BONJOUR PILOU PILOU !

« Le vernis à ongles sur les pieds, c'est primordial ! »

Il est 20 heures. Traînant des pieds sur le parquet, Marion sort de la chambre des enfants qu'elle vient, ouf ! de mettre au lit. La soirée commence. Il est temps de se mettre à l'aise : Marion saute dans son vieux jogging, enfile ses bonnes grosses chaussettes de laine et, sans un regard à son miroir, plonge la tête la première dans le canapé. Ah ! comme c'est confortable de se retrouver chez soi, bien au chaud, avec son petit mari !

Le petit mari, lui, n'est pas tout à fait de cet avis. Secrètement, il regrette la Marion si fraîche et si pétillante d'autrefois. Les yeux rivés sur la télévision, il ne prend d'ailleurs même plus la peine de lui jeter un regard. Et ne fait plus trop d'efforts de son côté : un caleçon, un tee-shirt, et le tour est joué ! Pourquoi se gêner ? On se connaît depuis tant d'années…

« *Il y a toujours des phases où on se laisse un peu porter dans un couple*, constate Audrey. *On ne peut pas être au top tous les jours. Mais quand le laisser-aller s'installe, il y a un problème. C'est important de continuer à vouloir séduire l'autre, même si on sait que le lien est solide et que l'on s'aime très fort. Quand on commence à prendre son conjoint pour un acquis, on va vers la catastrophe !* » Le tableau nocturne offert par Marion et Sébastien vous rappelle un petit quelque chose ? Alors, il est temps d'opérer une reprise en main urgente !

MESSAGE REÇU !

Celui qui se laisse aller ne s'en rend pas toujours compte. Pour faire changer les choses, il n'y a pas dix mille solutions : il faut en parler. Sébastien, au bout de quelques mois, a fini par lâcher le morceau : « *J'ai dit à Marion que j'en avais assez de la voir en survêtement tous les soirs.* » Évidemment, la remarque est un peu rude ! Il y a peut-être moyen de faire passer le message plus en douceur. « *Tous les week-ends, pendant un an au moins, Samuel a enfilé le même vieux pull orange* », raconte Elsa. Elle a préféré avoir recours à l'humour pour attirer l'attention de son mari sur cette fâcheuse tendance. « *Je lui ai lancé de petites piques du genre : "Tiens, mais c'est vrai... on est en week-end aujourd'hui. Heureusement que tu as mis ton pull, j'allais oublier !"* » Samuel n'a pas tardé à remiser le pull en question au placard. La tendresse est aussi une solution efficace : « *Quand Bella porte quelque chose qui me plaît*, témoigne Élidjah, *je lui dis : "Oh ! dis donc, tu es jolie aujourd'hui. Elle te va bien, cette petite robe." Quand elle porte quelque chose qui me plaît moins, je ne dis rien.* » Bella, fine mouche, a vite compris le message. Par ces petites remarques, on prouve que l'on fait attention à son conjoint, ce qui l'incitera toujours à se montrer sous son meilleur jour. Sinon, à quoi bon ?

TROUVER LE JUSTE ÉQUILIBRE

Pour continuer à séduire, les débordements sont certes à éviter : ne plus porter qu'un vieux jogging ou des tenues débraillées pour ces dames, traîner le soir en slip ou en caleçon dans le salon pour ces messieurs. Un peu de tenue, s'il vous plaît ! Cependant, la majorité des couples valorisent le naturel et la décontraction au quotidien. Ne pas se négliger est une chose, mais parader en talons aiguilles chaque soir ou être tiré à quatre épingles en est une autre. « *Être paré en permanence pour son conjoint, c'est un esclavage*, remarque Audrey. *Cela laisse supposer que l'on se sent en danger.* » Ce qui, loin de séduire, finit par embarrasser, voire même par lasser. « *Si j'enfilais une minijupe en rentrant du travail, Jean-Baptiste trouverait que je suis déguisée !* » affirme Camille. Il s'agit donc aussi de ne pas trop en faire… Mais alors, comment s'y prendre ?

CULTIVER SON NATUREL

« *Le soir, on aime bien être détendus. Je ne me vois pas rester en costume et en cravate*, confie Raphaël. *Johanna, elle aussi, se change. Mais je la trouve élégante comme elle est.* » Tiens, tiens… et pourquoi cela ? « *Elle prend soin de ses cheveux, de sa peau, elle porte de petits bijoux… et j'aime bien son parfum.* » Le naturel de Johanna est donc légèrement retravaillé !

« *C'est surtout le laisser-aller corporel qui est un répulsif*, ajoute Elsa. *Se laver, s'épiler* (se raser ou entretenir savamment sa barbe de trois jours…), *prendre soin de son corps, l'entretenir en faisant du sport pour ne pas se retrouver avec 12 kg de plus au bout de dix ans… Et surtout sentir bon : une bonne odeur fait partie d'une bonne entente physique.* » À vos flacons, à vos savons… et à vos chewing-gums à la menthe (oui, oui, la mauvaise haleine est un tue-l'amour) ! Une fois cette base solidement posée, à chacun ou chacune d'y ajouter ces petits ornements qui accrochent le regard : « *Le vernis à ongles sur les pieds, c'est primordial !* » clame Marion, totalement transformée. À chacun aussi de rester à l'écoute des préférences de son partenaire, car il n'y a pas de modèle clé en main pour plaire : « *Ce qui fait plaisir à Jean-Baptiste, c'est quand j'enlève mon maquillage* », confie Camille. Sans oublier pour autant de penser à soi ! Une petite dose de narcissisme est indispensable à la séduction : « *C'est d'abord pour moi que j'ai envie d'être jolie*, dit Bella. *Pour me sentir bien, avoir confiance en moi.* » Cette belle assurance ne manquera pas de détourner quelques regards dans la rue… ce qui n'échappera pas à la vigilance d'Élidjah. Il faut aussi un peu plaire aux autres pour enflammer son conjoint (et cela vaut pour ces dames comme pour ces messieurs).

SORTIR LE GRAND JEU !

Le naturel est bien sympathique, mais quelques petites entorses à la règle ne gâcheront rien. Surtout quand le vent tourne : « *Quand il commence à faire beau et que je vois toutes ces filles dans la rue en tenue affriolante, je me dis : "Il est peut-être temps de faire un petit effort"* », avoue Bella, qui a décidément la tête bien sur les épaules. Un peu de coquetterie bien placée, au bon moment, suffit en effet à tout magnifier : « *J'ai de jolis dessous,* confie Johanna. *Je ne les mets pas tous les jours, mais quand on sort ou pour nos soirées à deux.* » Verdict de Raphaël ? « *C'est vrai que lorsqu'on sort, qu'elle est maquillée, bien habillée, je la trouve très sexy. Ensuite, j'ai d'autant plus de plaisir à la voir traîner le dimanche matin, en pyjama, toute décoiffée. Cela m'attendrit.* »

Voilà le secret : savoir cultiver le contrepoint, afin que le laisser-aller d'un moment, loin de passer pour de la négligence, apparaisse sous le jour charmant de la vulnérabilité. Un principe à conjuguer aussi bien au féminin qu'au masculin. Et de jour comme de nuit : « *Pour dormir, je peux enfiler un bon gros pilou pilou... mais parfois aussi une petite nuisette* », confie Camille. Au grand bonheur de

Jean-Baptiste, qui résume tout d'une formule : « *Ce qui compte, c'est le petit machin au bon endroit* (ou au bon moment), *mais pas tout le tralala !* »

UN PEU DE PUDEUR !

Mais rien ne sert de se faire beau ou belle si c'est pour infliger à sa moitié le triste spectacle de ses petites vicissitudes intimes. On aura beau s'apprêter, se maquiller, se parfumer, l'effet retombera comme un soufflé si l'on finit, comme deux vieux copains, par se brosser les dents de concert devant le miroir de la salle de bains. Pour maintenir une part de mystère, tout passe d'ailleurs par ce territoire clé : la salle de bains. Même si un excès de pudeur là encore sonne faux, il est bon de la fréquenter autant que possible en alternance. « *On a toujours pris garde à ne pas faire nos soins intimes l'un devant l'autre* », expliquent Camille et Jean-Baptiste. Et à ne pas laisser traîner leurs petites affaires derrière eux : caleçons, serviettes hygiéniques (même propres !), fil dentaire… tout doit disparaître ! « *Le risque, quand on vit ensemble depuis longtemps,* conclut Jean-Baptiste, *c'est de recommencer à se comporter comme si l'on était tout seul. Vivre ensemble comme deux célibataires crasseux, non merci ! En fait, c'est juste une façon de ne plus voir l'autre.* »

Et si le problème du laisser-aller était en réalité le révélateur d'un tue-l'amour plus profond : l'indifférence ?

2 DE L'INATTENTION À L'INDIFFÉRENCE

« Tu m'appelleras pour me dire comment ça s'est passé… »

Depuis quelques mois, un drôle de sentiment s'est emparé de Camille et de Jean-Baptiste. Il y a comme un froid impalpable, une distance qu'aucun des deux ne comprend. *« Quand on se parle, on a l'impression de faire partie du paysage, que l'on ne s'écoute pas. On avait l'impression de tout partager et on découvre que l'on est finalement à des années-lumière, pas du tout sur la même longueur d'onde. »* Difficile d'appréhender ce sentiment insaisissable qui a pour nom l'indifférence. Il paraît insoluble et mène à bien des séparations.

Pourtant, Camille et Jean-Baptiste aiment se parler, font des projets. Ils y croient. Mais, au quotidien, un lien ténu s'est cassé, sur lequel ils ont du mal à mettre le doigt. Elle a l'impression qu'il ne la regarde plus, ne l'aime plus comme avant. Il a le sentiment qu'elle ne l'écoute plus, ne lui consacre plus de temps. Mais est-ce vraiment une question de temps ? Une question d'amour ? Ou, simplement, une toute petite question, si facile à résoudre, d'inattention. Camille et Jean-Baptiste ont fini par le comprendre, à temps. Et il leur a suffi de changer quelques petites habitudes et de remettre au goût du jour une ou deux petites coutumes, un brin vieux jeu, mais si délicieuses, pour se retrouver vibrant sur la même longueur d'onde. Comme et même mieux qu'avant !

LE B.A.BA DE L'ATTENTION

Il faut dire que le couple revient de loin : *« Le matin, c'était chacun pour soi. Le soir, comme on ne rentrait pas aux mêmes heures, on ne dînait jamais ensemble. Et j'avoue qu'après une journée passée à courir, je n'avais pas le courage de penser à Jean-Baptiste, de lui demander si sa journée s'était bien passée »*, avoue Camille. Tout cela a bien changé à présent grâce à la mise en place, tout d'abord, de petits rituels de courtoisie : *« Pour commencer*, reprend

Camille, *on s'est obligés à se dire bonjour avec amour le matin… même si notre fille (18 mois) hurle dans la chambre voisine pour réclamer son biberon !* » Voilà en effet une façon beaucoup plus agréable de débuter la journée. « *Nous sommes aussi convenus de nous embrasser systématiquement lorsqu'on se quittait.* » De mieux en mieux. « *Et le soir, de s'accueillir tendrement, même si l'on était occupé à autre chose.* » Superbe ! Mais ces petits efforts conscients d'attention ne suffisent pas.

Même si Camille ne partage toujours pas ses repas du soir avec Jean-Baptiste, en raison d'horaires de travail bien trop différents, elle s'attable à présent avec lui, pour prendre une bière et bavarder, pendant qu'il dîne. Elle n'est pas la seule dans ce cas-là : nombreux sont les couples qui ne prennent pas ensemble le dernier repas de la journée. Mais chacun fait alors un petit effort pour prendre un temps de pause avec l'autre, abandonnant ordinateur, télévision, table de travail. Élidjah, quant à lui, est plus radical : « *Avec Bella, on essaie de prendre au moins chaque jour un repas ensemble. On se voit tellement vite, tellement peu avec ce rythme infernal. Prendre un repas ensemble, c'est pouvoir se poser, s'échanger des nouvelles, s'écouter.* » Petit déjeuner ou dîner commun pris avec leurs deux enfants… voire même pause déjeuner : « *Elle est salariée et moi, je travaille comme indépendant. Je bouge pas mal. Si je passe dans son quartier ou à proximité, je l'appelle et on se retrouve dans un restau.* » Bella confirme : « *C'est vrai, il vient déjeuner avec moi très souvent.* » Prendre du temps pour l'autre, savoir l'attendre, chercher ou créer des occasions pour se retrouver constitue une marque indéniable d'attention, qui n'échappera jamais à l'intéressé.

SAVOIR S'ÉCOUTER

« *S'écouter* », disait Élidjah. De fait, ces moments d'échange ne prendront leur valeur que si l'on s'applique à être attentif. Avoir le sentiment de ne pas être écouté dans un couple provoque un sentiment d'abandon, ainsi qu'une forme d'humiliation qui ne peut que grignoter le capital amoureux. Prudent, Élidjah sort d'ailleurs son agenda dès que Bella lui fait part d'une échéance ou d'une fête à venir. Samuel, lui aussi, a pris l'habitude d'écrire pour se souvenir : « *Avant, il tombait toujours de la lune quand on avait des amis à dîner ou n'importe quel engagement*, se rappelle Elsa. *C'était très agaçant. À présent, le soir, quand on se parle, il note sur son agenda les choses importantes...* » Écouter, c'est aussi faire en sorte que ce que l'on nous raconte ne passe pas par une oreille pour aussitôt ressortir par l'autre.

VIVE LES PORTABLES !

« *Mais ce que j'apprécie chez Samuel,* reprend Elsa, *c'est qu'il décroche toujours quand je l'appelle pendant la journée. Il sait se rendre disponible.* » Pour être ressentie comme sincère, l'attention ne doit pas non plus se cantonner à des moments toujours fixes, quand cela nous arrange. Un conjoint n'est pas un collègue de travail, à renvoyer sur messagerie ! Le portable est à cet égard devenu un des outils clés de la communication amoureuse : « *On s'appelle souvent pendant la journée pour prendre des nouvelles,* continue Elsa, *surtout quand on sait que l'un de nous deux a eu une échéance particulière. On se dit : "Tu m'appelleras pour me dire comment ça s'est passé."* » Ce qui permet aussi à Elsa et à Samuel de respecter le rythme de chacun, sans faire intrusion à tout moment par des appels intempestifs.

TEXTOS, MAILS ET MOTS DOUX

S'appeler mais aussi, pourquoi pas, s'écrire… *« On délire sur les textos que l'on s'envoie pendant la journée »*, s'esclaffe Audrey. *« On s'envoie aussi des mails »*, ajoute Élidjah. Ces petits messages électroniques ont remis au goût du jour l'art des mots doux et des déclarations : *« On se dit "je t'aime" ou "je pense à toi"*, explique Elsa. *Mais on ne veut pas non plus se prendre trop au sérieux, donc on le dit dans d'autres langues, on fait des jeux de mots… »* Camille et Jean-Baptiste, qui n'ont pas de portable et d'ordinateur à portée de doigt pendant la journée, pratiquent désormais cet art à l'ancienne : *« On se laisse des mots sur la table sous n'importe quel prétexte (acheter des couches pour notre fille, faire des courses). Mais on les écrit avec des jeux de mots, des rébus, ou en turc, car c'est une langue que nous apprenons tous les deux. On essaie de faire rire l'autre, de le surprendre. Chaque mot devient ainsi une énigme passionnante à résoudre ! »*

SURPRISES !

Si ce tissu d'attentions au jour le jour suffit à assurer la pérennité d'une vie à deux, celle-ci n'en sera que plus pétillante si on la pimente de petites faveurs imprévues : « *Je travaille sur le site de Rungis*, explique Raphaël. *Alors, souvent, comme ça, sans raison, je reviens à la maison avec des fleurs. Je ne suis pas très date, je préfère offrir hors des occasions imposées.* » Excellente habitude de Raphaël – qui, toutefois, sait aussi se souvenir des dates clés : « *Pour mon anniversaire*, confie Johanna, *il m'a offert un superbe bouquet de roses rouges.* » Fleurs, mais aussi livres, sorties, vêtements : « *Quand je vais faire du shopping, je prends souvent une chemise pour Éli quand il y en a une qui me plaît*, raconte Bella. *Rien n'est prévu, mais c'est une façon de lui montrer que je pense à lui.* » En matière de surprise, Christophe est sans conteste passé maître : « *Il m'organise des soirées au théâtre ou au restaurant*, sourit Audrey. *Je rentre, la baby-sitter est là, il me dit : "Tu viens, on s'en va." Une fois, il m'a même emmenée à l'aéroport. Il m'avait offert un voyage surprise !* »

Impossible ici de passer en revue toute la panoplie des attentions que chacun aura le loisir d'inventer. Des petits gestes quotidiens (Camille prépare désormais, quand elle le peut, le café matinal de Jean-Baptiste ; Élidjah et Bella se font mutuellement des massages quand l'un d'eux a eu une journée un peu rude) au respect du rythme de son conjoint (Raphaël, très matinal, prend garde à ne pas réveiller Johanna, qui est “du soir”, et à prendre en charge l'habillage et le petit déjeuner de leurs trois filles), toutes ces actions reviennent finalement à un unique et indispensable leitmotiv : continuer à montrer à la personne qui partage notre vie qu'on l'aime. Roland Barthes le disait bien : *« Il n'y a pas d'amour, il n'y a que des preuves d'amour… »*

3 COMME D'HABITUDE...

« C'est la routine qui tue un couple... »

Bip, bip, bip. 7 h 15 du matin, le réveil sonne. La folle journée de Bella et Élidjah commence. Pas le temps de roucouler au lit : dans la chambre d'à côté, Max et Amalé sont déjà debout et réclament leur petit déjeuner. Une heure plus tard, Bella les dépose à l'école et file au bureau, tandis qu'Élidjah, qui a monté une petite entreprise à domicile, s'assied à sa table de travail. Un repas pris en vitesse, le midi, le nez dans les dossiers. 18 heures, retour de Bella à la maison. Petit dîner familial, et au lit les enfants. 21 heures, Élidjah se rassoit à sa table de travail, Bella vaque à ses occupations. 22 heures, on allume la télévision. 23 heures, il faut se coucher, car demain... eh oui, demain, tout recommence !

Jour après jour, année après année, la vie de bien des couples finit ainsi par sombrer dans une routine assassine, rythmée par les horaires des écoles et des bureaux, laminée par la fatigue, ponctuée de courts week-ends où l'on ne fait pas grand-chose à part la sieste, les courses, le ménage, le DVD du samedi soir et la sacro-sainte balade au parc du quartier. « *C'est la routine qui tue un couple* », affirme Élidjah. Difficile d'y échapper lorsqu'on a de jeunes enfants (à moins de se ruiner en frais de baby-sitter !). Il faut donc trouver d'autres solutions – ou contourner le problème.

INVENTER DE NOUVELLES FAÇONS DE SE RETROUVER

Pour casser la routine, Bella et Élidjah ont d'abord cherché à se créer des espaces de liberté en journée, pendant la semaine : « *Lorsque Bella a un jour de RTT et que j'en ai la possibilité, je décide de tout lâcher et de ne pas travailler* (Élidjah, rappelons-le, est indépendant). *Ainsi, régulièrement, on a une journée de liberté rien que pour nous. On va au cinéma, on se balade... Cette forme de travail* (en free-lance) *apporte une grande part de spontanéité à notre quotidien.* » Couples salariés, ne désespérez pas ! Il est aussi possible de faire coïncider ses RTT… De profiter des pauses pour le déjeuner pour se retrouver à l'improviste. Comme Elsa et Samuel, de s'accorder un peu de temps, le matin, après avoir déposé les enfants à l'école, pour prendre un petit café ensemble, à la sauvette, au bistrot du coin. De profiter d'une journée de travail qui finit plus tôt que prévu, d'horaires qui coïncident, pour se retrouver, ne serait-ce que furtivement. Tout ne se joue pas forcément le soir. C'est en introduisant de la variété et des petits moments d'exception dans ses journées que l'on combat le mieux le sentiment de routine.

SAISIR OU SE FABRIQUER DES OCCASIONS DE LIBERTÉ

En gardant cette ambition en tête, il est possible de repérer et d'exploiter les occasions de liberté dès qu'elles se présentent. La famille vient rendre une petite visite ? Plutôt que de jouer aux grands enfants modèles et de se laisser happer par sa présence, pourquoi ne pas en profiter, tels Christophe et Audrey, *« pour se faire une petite sortie au restaurant »* ? Les grands-parents adorent jouer les baby-sitters. Pourquoi, lorsque l'occasion se fait attendre, ne pas non plus la provoquer en appelant à la rescousse la mamie… ou même les amis ? Marion fait souvent appel à ses copines, mamans tout comme elle, pour faire garder Kevin et Théo et aller danser avec Sébastien jusqu'au bout de la nuit. La semaine suivante, c'est elle qui leur rend la politesse. Entretenir un réseau local de parents solidaires peut faire la joie des familles (et surtout des couples) sur tout un quartier ! Élidjah et Bella sont ainsi devenus des familiers des soirées pyjama. Avec un bon sens de l'organisation à la clé (pour faire coïncider les invitations), ils peuvent désormais sortir au moins une fois par mois sans frais de baby-sitter.

SE CRÉER DE VRAIES COUPURES

Pour se ressourcer en profondeur et oublier la pesanteur du quotidien, rien ne vaut cependant les escapades en amoureux. Là encore, tout est question de volonté : il faudra envoyer les enfants chez les grands-parents, planifier les choses à l'avance, donc prendre la décision ferme de partir sans se laisser aller à la torpeur des jours qui se suivent et se ressemblent. Johanna et Raphaël en ont fait une coutume annuelle : *« C'est parfois juste un long week-end, parfois dix jours, tout dépend de nos moyens. Mais, de toute façon, on part. On flâne dans les rues, on loue des vélos, on fait des pique-niques. On ne prévoit rien. Quel bonheur de retrouver l'ambiance de nos premières années de couple, un petit côté étudiant ! C'est comme une lune de miel »*, s'enthousiasme Raphaël.

Lorsque, par manque de soutien familial ou de liberté financière, on ne peut organiser de tels voyages, il y a encore une solution, pratiquée par Bella et Élidjah : faire partir les enfants en colonie de vacances ! *« Pour le bonheur du couple et aussi parce que nous avons voulu éduquer nos enfants à l'autonomie et à la curiosité, nous les avons fait partir très tôt en colo. Aujourd'hui, ils partent deux ou trois fois par an. Pendant ce temps, on continue à travailler. Mais toutes nos soirées sont libres »*, explique Élidjah. Et Bella de renchérir : *« C'est génial ! Tout se décide à la dernière minute, on s'appelle, on se donne rendez-vous à tel endroit pour prendre l'apéritif, on retrouve des amis… comme quand on était adolescents ! »*

ET DÉPOUSSIÉRER SA VIE DE FAMILLE !

Les enfants, les enfants, les enfants… Nous ne parlons que d'eux depuis le début de ce chapitre et pas de la façon la plus positive ! Pourtant, la présence des enfants peut aussi constituer un atout pour vivre, en couple, des moments différents : *« Le week-end*, raconte Christophe, *ce sont les enfants qui sont la priorité, mais on accepte ce moment et on le vit à deux. On va par monts et par vaux. Rien n'est organisé, on improvise selon l'humeur du jour, les occasions qui se présentent. »* Des amis proposent un pique-nique à la campagne ? Hop, on saute dans la voiture ! Le week-end s'annonce pluvieux ? Et si on allait tous ensemble au cinéma ! Pourquoi ne pas aussi, pour changer des vacances dans la Beauce chez papy-mamie, organiser des échappées familiales revigorantes ? *« On est partis pour la première fois en famille le week-end dernier à Étretat »*, annoncent Johanna et Raphaël, radieux. À l'occasion de ces sorties en famille, on découvre souvent son conjoint sous une autre facette que celle qu'on lui connaît au quotidien, ou dans l'intimité du couple. *« Quand je vois Jean-Baptiste faire le fou avec notre fille, courir, rouler dans l'herbe, redevenir un gamin, je me sens devenir encore plus amoureuse*, confie Camille. *Je fonds littéralement. »*

4 PLATEAU-TÉLÉ

« Mon mari a la télécommande greffée dans la main ! »

Vous ne vous en doutez peut-être pas, mais une bête féroce habite chez vous. Assez discrète pendant la journée, elle se réveille le soir et se transforme, comme le loup-garou, pour dévorer votre attention, se repaître de vos pensées et vous abandonner sur le canapé, la tête vide, les yeux hagards… Deux hypothèses : soit votre conjoint partage votre passion pour la créature – qui, dans ce cas, trône au milieu du salon ou dresse effrontément son écran plat dix millions de pixels devant le lit conjugal. Soit il y reste hermétique et prend son mal en patience : « *Pour moi, la télévision, c'est une boîte à bêtises* ! s'exclame Marion. *Malheureusement, mon mari a la télécommande greffée dans la main ! Son premier réflexe, quand il rentre à la maison, c'est de l'allumer. Il ne l'éteint que lorsqu'il va se coucher.* » Tout seul, car Marion, qui s'ennuie, a depuis longtemps sombré dans les bras de Morphée, à défaut de bras plus virils et plus tendres…

Tout le monde s'accorde pour dire que la télévision détruit le couple. Mais même les plus lucides ont du mal à s'en passer : *« La télé, c'est mon point faible*, avoue Audrey. *Elle me détend, elle me donne l'impression de m'évader. J'ai beaucoup de mal à m'en passer.* » S'évader, se détendre, se « vider la tête », entend-on aussi parfois, ne pas pouvoir s'en passer… ces mots ne vous rappellent-ils pas un petit quelque chose ? Eh oui, la télévision est une drogue. Pour sauver votre couple de l'overdose, il n'y a donc qu'une solution : casser la dépendance.

LA MÉTHODE FORTE

En cas d'addiction à une drogue, tous les médecins recommandent le sevrage brutal et définitif. L'action la plus radicale serait donc de vous séparer de votre poste de télévision. En le vendant ou, action plus ferme et symbolique, en le jetant sur le trottoir – n'oubliez pas d'appeler le service de la mairie spécialisé dans le retrait des encombrants. Il ne faudrait pas que vous fassiez le malheur d'un jeune couple qui flâne ce soir-là sur votre trottoir (justement parce qu'il n'a pas encore la télévision !). Certains de ces jeunes couples décident d'ailleurs de ne jamais posséder de télévision : c'est le cas de Camille et de Jean-Baptiste, qui, dix ans plus tard, tiennent encore le coup. C'est donc possible.

Vous n'avez pas le cœur d'en venir à un acte aussi définitif ? Qu'à cela ne tienne : déplacez la télévision dans une pièce moins conviviale de la maison, la cuisine par exemple. La perspective de passer toute la soirée juché sur un tabouret, entre le réfrigérateur et les casseroles, est assez décourageante. Ou bien, comme Bella et Élidjah, inscrivez en grosses lettres « TUE-L'AMOUR » sur un bandeau de papier scotché au-dessus du poste. Le message a le mérite d'être clair. Et permet de réfléchir à deux fois avant d'appuyer sur le bouton de la télécommande.

LA MÉTHODE DOUCE

Elle consiste à limiter les heures et les jours où l'on regarde le petit écran et à en faire des moments choisis ensemble. Outre le bandeau dissuasif accroché sur leur poste, Élidjah et Bella ont adopté cette méthode avec succès : « *Quand on la regarde, ce n'est pas avant 22 heures. C'est un principe chez nous, on ne dîne pas devant la télévision. On ne l'allume pas en rentrant. Cela permet de ne pas en faire un réflexe et d'avoir du temps pour se parler, échanger des nouvelles.* » C'est en effet la première étape : supprimer les automatismes en se forçant à ne pas allumer la lucarne avant que les enfants soient au lit. Conséquence immédiate : on rate le début du film de 20 h 40… et, comme c'est toujours moins amusant de prendre un programme en cours, force est alors de s'occuper autrement. En se parlant par exemple. Seconde étape : « *On achète le programme télé*, explique Élidjah, *et si une émission ou un film nous tente, on allume la télé juste pour le regarder.* » Ce qui fait des moments passés devant le poste une activité commune, un prétexte à débat et discussions. Il n'y a rien d'intéressant à regarder ? « *Alors, on ne l'allume pas.* » Grand Dieu ! Mais que peuvent bien faire ces malheureux à la place ?

OCCUPER LES SOIRÉES SANS TÉLÉ

Revenons vers Camille et Jean-Baptiste, qui ne possèdent pas de télévision. Que font-ils de leurs soirées ? « *Il n'y a pas de règle*, déclare Camille, *donc pas de routine. En tout cas, on ne s'ennuie pas.* » Voilà un constat encourageant. Mais encore ? « *Déjà, on ne passe pas toutes nos soirées ensemble. Si l'un a un travail à finir, l'autre s'occupe en lisant, en regardant ses mails ou en passant quelques coups de fil.* » Ne pas regarder la télévision permet d'abord de libérer du temps pour soi, pour se cultiver ou cultiver ses amitiés, pour se pomponner afin de rester désirable. Ce qui ensuite rejaillit positivement sur le couple : on se sent plus disponible pour l'autre, on a aussi plus de choses à lui raconter… et l'on peut prévoir de futures sorties ou soirées entre amis. Un mouvement vertueux est initié.

L'absence de télévision oblige ensuite à faire preuve d'un peu plus d'imagination et de dynamisme pour occuper les soirées à deux : « *On s'est inscrit à un cours de turc le mercredi soir, après un voyage en Turquie qui nous a émerveillés*, continue Camille. *Ça nous plaît, à travers ce cours, de partager un univers qui nous fait dépasser le quotidien.* » Pourquoi ne pas en effet chercher à s'évader autrement que par le biais du petit écran en partageant une activité extérieure commune : cours de turc ou de chant, de salsa ou de tango… autant d'occasions pour animer les soirées suivantes en répétant assidûment dans le salon. « *Quand je décide de ne pas regarder la télévision*, reconnaît Audrey, *je suis beaucoup plus inventive. Christophe rentre assez tard du travail. Alors, je lui concocte un petit dîner surprise, je mets de la musique, des bougies sur la table. On se retrouve, on parle… Ça nous arrive même d'improviser une danse dans le salon !* » Christophe, de son côté, a d'autres cordes à son arc : « *J'aime bien lui écrire des poèmes, des petites déclarations, des chansons. L'idée, c'est de toujours la surprendre. Quand on en fait une règle de vie, rien n'est ennuyeux. Le moment le plus quotidien, le plus morne, peut être transformé par une attitude, un sourire…* » Se passer de télévision permet donc d'apprendre à enchanter le quotidien, à créer ces petits moments d'exception dont on parlait dans le chapitre précédent pour lutter contre la routine.

TITILLEMENTS…

Cependant, il y aura des jours de moindre inspiration. Des moments où l'on n'a pas le courage de se mettre en quatre pour préparer un dîner aux chandelles ou même faire la conversation.

Alors, hop, on allume la télé ! On se laisse tenter… Dommage, car lorsqu'on est fatigué, il suffit parfois de se mettre au lit pour retrouver un peu d'énergie. *« Certains soirs, je m'installe dans le lit pour lire, Jean-Baptiste me rejoint, feuillette le journal à côté de moi. On est bien… »* Et Jean-Baptiste de plaisanter : *« Je m'efforce de ronronner. En fait, je suis la chose de Camille ! »* Tiens, tiens… Johanna, elle aussi, se met au lit, n'hésitant pas à abandonner Raphaël seul devant la télévision dans le salon, *« mais il ne tarde pas à me rejoindre »*, confie-t-elle. Quant à Marion, elle a désormais trouvé l'arme imparable pour capter le regard de Sébastien et le faire dériver loin du poste. *« Je m'allonge à côté de lui sur le canapé* (précisons que Marion n'est plus en jogging), *je m'occupe de moi, je me mets du vernis à ongles, je le titille. »* C'est bizarre, la télévision devient soudainement beaucoup moins intéressante. L'image se brouille, il y a des perturbations sur l'antenne. Pour lutter contre une drogue, il faut parfois recourir à une drogue encore plus puissante. Mais, rassurez-vous, cette dernière n'est pas du tout un tue-l'amour. Bien au contraire…

5 BOULOT, BOULOT, BOULOT

« Ah ! désolé, je ne peux pas être avec toi ce soir. J'ai du travail ! »

« Samuel et moi, on ne regarde jamais la télé », déclare Elsa. Quelle bonne nouvelle ! Et comment avez-vous réussi ce miracle, Elsa ? *« On ne peut pas. On travaille tout le temps ! »* Et votre couple, dans tout cela ? *« Samuel est au bureau jusqu'à 22 heures tous les soirs. Quant à moi, je travaille comme journaliste indépendante. Le soir, j'ai souvent des dossiers à boucler. Quand Samuel rentre, c'est juste l'heure où je me rassois devant mon ordinateur. »* Télévision versus ordinateur : le choc des titans !

Mais reprenons espoir : *« Certains soirs,* continue Elsa, *c'est plus calme, je ne travaille pas. Je rejoins Samuel dans la cuisine, mais très vite, je sens comme un malaise. Samuel est muet comme une carpe. Il va sur le balcon fumer ses cigarettes sans dire un mot !* » Qu'est-ce qui ne va pas, Samuel ? « *J'ai un petit vélo dans la tête qui ne veut pas s'arrêter* », répond l'intéressé. Ce petit vélo a un nom : le stress. Avec son acolyte le travail, il est désigné par la plupart des couples actuels comme une cause fréquente de dissensions. Il ne nous reste donc plus qu'à retrousser nos manches pour trouver quelques solutions. L'objectif ? Travailler moins (ou à défaut être moins stressé) pour gagner plus… de temps à deux.

DÉCOMPRESSER

Attaquons-nous d'abord au problème du stress. Première démarche possible : s'inscrire dans un club de sport. « *J'ai pris un abonnement dans un club de tennis*, nous apprend Samuel. *C'est une bonne façon pour moi d'arrêter le petit vélo.* » Pour Raphaël, de même : « *Depuis le début de l'année, je joue au badminton avec un copain tous les mercredis soir. C'est intensif : je me défoule à fond, j'évacue le stress accumulé, j'oublie les enfants, le boulot, les collègues…* »

Vous n'êtes pas féru d'exploits sportifs ? Il existe bien d'autres manières de se détendre : Bella va au hammam se faire masser et transpirer avec ses copines, Johanna bouquine, tout comme Camille. L'idée à retenir est simplement de savoir prendre un peu de temps pour soi, même s'il est pris au détriment du temps du couple. Car ce dernier gagnera alors en qualité.

DÉLIMITER LES ESPACES

Parlons justement du temps passé en couple, une fois de retour à la maison. Que fait-on ensemble ? Pas grand-chose puisqu'on est fatigué. En général, on se tait. Ou bien l'on parle. De quoi ? Eh bien... du travail, pardi ! Il suffit en général d'une petite question hasardée par un conjoint las de nous voir si silencieux : *« Ça ne va pas, tu as l'air un peu préoccupé ? »*... et nous voilà parti dans une logorrhée interminable où tout se mêle, les problèmes avec les collègues, la réunion du lendemain, le dossier à finir d'urgence, etc. Plus on parle, plus le stress regagne du terrain. En face, le conjoint s'ennuie ferme : *« Marion ne me parle que de son travail !* se plaint Sébastien. *Elle se torture l'esprit en permanence. »* Si l'on n'y prend garde, l'espace privé a vite fait de se transformer en une annexe de bureau : *« À une époque, on parlait tout le temps du boulot,* racontent Camille et Jean-Baptiste, qui sont tous deux enseignants. *On avait l'impression de vivre dans une salle des profs ! »* Le couple a donc résolu de faire du travail un sujet tabou, sans hésiter à se rappeler à l'ordre en cas d'oubli : *« Tu me laisses tranquille avec tes fichus élèves ! »* Résultat ? *« On voit le problème d'un peu plus loin et on arrive même à en rire »*, constate Camille.

Pour les personnes qui travaillent à domicile, cette distinction entre les univers est plus difficile à opérer. L'ordinateur, quand il trône au milieu du salon ou de la chambre, rappelle sans cesse, par sa seule présence, les obligations à venir. Et si on se remettait un petit peu au travail après dîner ? On n'avait rien prévu de spécial, de toute façon. Et hop ! c'est reparti pour un tour. La solution réside dans le choix de l'espace : Elsa a ainsi installé son bureau dans une pièce à part, isolée du reste de l'appartement. Élidjah, quant à lui, a investi un tout petit coin du salon. Et tous deux de clamer : *« Il y a un moment où il faut savoir décrocher. Sinon, on pourrait rester devant notre bureau sans jamais s'arrêter ! »*

À présent que l'ordinateur a envahi tous les foyers, le problème de la délimitation des espaces ne se pose d'ailleurs plus seulement aux travailleurs indépendants. Il est si tentant, en rentrant du bureau, d'aller consulter ses derniers mails, vérifier une info sur Internet, compléter un dossier. STOP ! « *Quand je suis là, je suis là*, a décidé Christophe. *Déjà que je rentre assez tard, je ne vais pas en rajouter une couche en étant préoccupé ou en fonçant sur l'ordinateur. La présence, la disponibilité, ce sont des valeurs importantes.* »

DÉFINIR SES PRIORITÉS

La prise de distance permet de remettre ensuite le problème du travail sur la table, mais sur un tout autre mode, plus productif. Ce travail, qui nous prend tant de temps, est-il adapté à notre personnalité ? Ne prend-il pas trop de place dans notre vie ? C'est ainsi que certaines décisions peuvent être trouvées ensemble pour débloquer la situation : « *J'ai réalisé que je travaillais pour une entreprise qui m'exploitait*, confie Marion. *Il n'y avait pas d'horaires. Ma vie de famille en pâtissait et pour moi, c'est la priorité. J'ai changé de société en octobre et, depuis, je rentre à des heures correctes et je suis plus détendue.* »

Sans changer d'entreprise, on peut aussi se montrer plus ferme sur ses exigences horaires. Certains choix encore plus audacieux peuvent même être décidés : Audrey, qui ne s'épanouissait pas dans son travail de comptable, a décidé d'arrêter son activité pour se consacrer à sa famille. De même, Élidjah a tout mis entre parenthèses pendant deux ans pour s'occuper de ses enfants en bas âge, tandis que Bella s'épanouissait, professionnellement… et personnellement !

Car le travail peut aussi être source d'épanouissement. « *Mon mari Christophe s'accomplit dans son travail*, explique Audrey. *Je l'ai laissé libre de faire sa carrière, même si, par contrecoup, je le vois moins souvent.* » Travailler moins n'est donc pas toujours la solution. En revanche, il est crucial, une fois ce constat réalisé, d'aménager la vie quotidienne de façon à ce que le travail de l'un ne pèse pas sur l'autre. Mode de garde des enfants, partage des tâches ménagères, délimitation du temps de travail et du temps personnel gagnent à être discutés et décidés d'un commun accord pour éviter les débordements et les déséquilibres, générateurs de stress et de frustrations. « *Quand on se dispute*, analyse Camille, *c'est quand l'un de nous met l'autre au pied du mur.*

“Ah ! désolé, je ne peux pas être avec toi ce soir. J'ai du travail !” À présent, on a appris à se concerter à l'avance pour se répartir les tâches et prévoir des soirées libres, où l'on peut se retrouver, selon notre charge de travail réciproque, semaine par semaine. »

ET RELATIVISER !

Malgré toutes ces bonnes résolutions, il y aura toujours des périodes où le travail devient omniprésent. Charrette, bouclage d'un dossier, absence d'un collègue forçant à faire des heures supplémentaires… « *Parfois, pendant un mois ou deux, je ne vois plus la couleur du ciel,* déplore Élidjah. *C'est un mauvais moment à passer. Bella comprend et me laisse tranquille.* » À chacun aussi de relativiser, sans mettre la pression sur un pauvre conjoint débordé, en se rappelant qu'il y a eu des périodes plus fastes et qu'il y en aura d'autres. « *En ce moment, nous sommes stressés tous les deux, on ne se voit pas beaucoup,* constate Elsa. *Mais j'ai souvent remarqué que c'était en se serrant les coudes dans ces moments difficiles, en les surmontant à deux que l'on en sortait renforcés dans notre amour, plus complices, plus solidaires.* »

6 CHAUSSETTES ET CALEÇONS SALES

« Je le dis haut et fort : c'est un tue-l'amour ! »

Un petit quelque chose a le don d'agacer Johanna : *« Raphaël laisse traîner ses affaires sales partout. Ce matin, par exemple, j'ai retrouvé ses chaussettes au beau milieu du salon. Tous les jours, je pars à la cueillette : ah ! tiens, un slip sale sur la cheminée ! Oh, un vieux caleçon sur le canapé ! Comme c'est charmant ! Un homme qui se laisse materner par sa femme, je le dis haut et fort : c'est un tue-l'amour ! »* Ce à quoi l'accusé répondra d'un ton penaud : *« C'est vrai que je ne fais plus trop d'efforts… »* Eh bien, mon ami, il est temps de recommencer !

FIXER LES RÔLES...

Les conflits ménagers des couples s'installent souvent sur la durée. Au début, on fait 50-50 ou à peu près. Rien n'est fixé, les choses se font naturellement. Et puis l'un se met à travailler plus que l'autre ou le temps passe, l'attention se relâche et, sans que l'on y prenne garde, des inégalités se font jour. « *À terme*, souligne Christophe, *on tombe dans des déséquilibres où l'un des conjoints a l'impression de se sacrifier.* » C'est pourquoi, dit-il, il est conseillé de clarifier la situation. La technique n'est pas franchement romantique, mais tant pis : il faut négocier, aller chercher les poussières sous le tapis pour aboutir à une répartition rationnelle des tâches, certes pas très glamour, mais tellement plus saine.

Les conjoints qui ont une activité professionnelle équivalente privilégient un partage paritaire des tâches : « *On partage tout, on établit des roulements* », annoncent Bella et Élidjah. Camille et Jean-Baptiste ont eux aussi opté pour cette solution et ils font linge sale à part : « *Je n'ai pas forcément envie de laver ses caleçons sales*, déclare Camille. *Chacun fait sa machine et, s'il y a de la place, il propose à l'autre d'ajouter ses affaires.* »

Lorsque l'un des conjoints travaille plus que l'autre, cette organisation n'est pas viable. Au couple alors de trouver des compromis afin qu'il y ait cependant solidarité face au quotidien. Comme le remarque Elsa, ces arrangements ne sont possibles que si l'on sait poser ses limites, et donc les identifier : *« Pour une femme, c'est un fantasme assez courant de vouloir jouer à la bonne épouse, à la bonne mère, et de tout prendre en charge sans rien dire. Mais, au bout d'un moment, on se sent exploitée et on explose. »* En face, le conjoint, qui ne se rend pas forcément compte de la situation puisqu'il ne la vit pas, réagit mal. La guerre commence ! *« Quand on marque ses limites, de façon claire et agréable, tout se passe beaucoup mieux. Par exemple, même si Samuel revient à 23 heures ou minuit, nous sommes convenus que c'est lui qui desservait et rangeait la cuisine. Moi, je prépare les repas. Après, je laisse tomber ! »* Johanna, de son côté, a fini elle aussi par trouver un arrangement avec Raphaël : *« Autrefois, j'étais obligée de lui mendier des services, ce qui m'excédait : "Tu peux donner le biberon à la petite ?" "Tu peux habiller les filles ?" Aujourd'hui, on a décidé qu'il se chargeait de toutes les tâches matinales. Il le fait sans que j'aie besoin de le lui dire. »*

... SANS LES FIGER

Cette rationalisation des tâches gagne à être assouplie au quotidien, pour ne pas non plus tourner au mesquin : « *On ne fait quand même pas de tours pour la vaisselle !* lance Camille. *C'est celui qui a le temps qui la fait.* » De même chez Élidjah : « *Celui qui rentre en premier lance la lessive.* » Ou chez Sébastien : « *Quand je finis plus tôt, je fais les courses et prépare le repas.* » Autant de petits services qui sont en réalité des attentions pour l'autre et ne donneront pas au couple l'impression de vivre dans un campement militaire. Mais, là encore, gare à ne pas profiter de ces zones de flou pour se laisser aller, sinon, elles perdront tout leur charme.

Autre défaut de cette organisation bien huilée : chacun fait sa part de travail dans son coin et puis... c'est tout ! Or rappelez-vous les débuts de votre vie de jeune couple : quel plaisir c'était de touiller ensemble dans les marmites, dans votre minuscule cuisine, en vous frôlant au passage ! Il ne dépend que de vous que ce temps ne soit pas tout à fait révolu : « *Depuis un mois*, raconte Elsa, *Samuel et moi avons recommencé à faire le marché ensemble. C'est un moment très sympa : on se balade, on prend notre temps. Et on se bagarre comme des gamins sur le choix des salades : moi, j'aime la laitue, Samuel, la batavia !* » Ce plaisir de faire les choses ensemble, Elsa et Samuel ne l'ont retrouvé que par hasard : *« J'ai recommencé à travailler à plein temps et je ne pouvais plus faire les courses, comme avant, pendant la semaine.* » Heureux hasard ! Car ce sont ces petits moments de complicité ménagère qui enchantent la vie de tous les jours.

SE FAIRE AIDER, AU BESOIN

Pour alléger le quotidien, il y a aussi une solution clés en main : engager une femme de ménage et s'équiper d'un lave-vaisselle. Facile à dire, protestez-vous, encore faut-il avoir des moyens ! Un petit peu, mais pas forcément beaucoup, répond Élidjah : *« Il y a des domaines où nous avons décidé d'investir de l'argent pour ne pas nous compliquer la vie. Autrefois, on passait notre week-end à faire le ménage. Depuis qu'on a engagé une professionnelle, c'est sorti de notre temps. Problème évacué !* » Résultat : moins de routine, moins de sujets de dissensions domestiques. *« Pour y arriver,* explique Bella, *on se serre la ceinture sur des domaines qui sont pour nous moins importants : les vacances à l'étranger, les loisirs. Une heure de ménage, c'est le prix d'un ticket de cinéma.*

On a moins besoin d'évasion quand le quotidien devient plus agréable. » Comme le note Élidjah, ce choix est aussi rendu possible par une gestion solidaire de l'argent et des priorités communes : « *Il y a une certaine notion de l'argent qui peut être un énorme tue-l'amour ! Nous raisonnons en tant que foyer fiscal. On gagne tant, on est quatre. Eh bien, faisons en sorte que chacun ait ce qu'il lui faut pour s'épanouir.* »

ET FAIRE LA GUERRE AUX CALEÇONS SALES !

Mesdames, voici un petit paragraphe final qui vous est spécialement réservé. Johanna a en effet trouvé l'astuce pour que son mari Raphaël apprenne à ranger ses petites affaires. Ouvrez bien vos oreilles et ne riez pas, c'est tout à fait sérieux : « *Avant, je ramassais ses caleçons et ses chaussettes pour les mettre gentiment au linge sale. Maintenant, je les jette par terre. Ou mieux : je vais les placer sur son oreiller. C'est agréable de poser la joue sur un slip sale, c'est parfumé… Au début, il ne s'en est même pas rendu compte ! Et puis il a compris. Aujourd'hui, il les entasse sur sa chaise… et quand il n'a plus d'affaires propres, il est bien obligé de les déposer dans la machine.* » CQFD !

7 UN SILENCE QUI EN DIT LONG...

« On se parle juste pour régler des détails matériels... »

Comment démarre une histoire d'amour ? Par quelques mots, suivis de beaucoup d'autres. Quel infatigable entrain mettons-nous alors à parler de tout et de rien, de soi et des autres, à refaire le monde. Tout est prétexte à confidence. Il y a comme une urgence à se raconter, à se découvrir. Quelques années plus tard, il faut avouer que le sentiment d'urgence s'est quelque peu estompé. *« Il y a des soirs où Jean-Baptiste et moi allons au lit sans avoir échangé un mot*, déplore Camille. *Ou alors, on se parle juste pour régler des détails matériels. » « À ce rythme-là, on devient vite de simples colocataires »*, pointe Jean-Baptiste avec lucidité. Le dialogue est indispensable au couple. Tout le monde le sait et en chante les vertus. Pourtant, nombreux sont ceux qui se laissent prendre au piège du silence. Sans doute parce que la parole est un lien fragile, qui se nourrit de petits détails dont on perd de vue, au fil du temps, l'importance.

COMBATTRE LA MAUVAISE HUMEUR

Parlons d'abord de cette mauvaise humeur quotidienne qui nous rend pour le moins… désagréables. *« C'est vrai que j'ai tendance à aboyer sur Jean-Baptiste,* réfléchit Camille. *Ou alors je lui demande de se taire. Il me soûle ! »* Voilà qui est encourageant… Le pauvre Jean-Baptiste revient à la charge une fois, deux fois, trois fois : *« À la troisième baffe, j'ai tendance à m'énerver… ou alors j'abandonne. »* Résultat : une dispute ou un silence de plomb. Comme le remarque Audrey, la mauvaise humeur est un effet du temps qui passe : *« Au début, avec Christophe, je me forçais à être enjouée même si j'étais soucieuse. Au fil des années, j'ai fait moins d'efforts. »* Audrey s'est donc prêtée à un petit exercice : *« J'ai joué la bonne humeur. Je me suis appliquée à être aimable et causante. Au début, j'avais l'impression de me caricaturer, et puis c'est devenu un réflexe, une seconde nature.* » Un petit effort, un sourire permettent tout de suite de réchauffer l'ambiance : *« C'est vrai que, quand je suis souriante, détendue, on arrive à se parler. On passe de bons moments »*, constate Camille.

CULTIVER LES PETITS MOMENTS DE COMPLICITÉ

Autre ennemi du dialogue : le manque de temps. *« Il y a toujours quelque chose à faire,* se plaint Camille. *On n'a pas le temps de se parler.* » Pas le temps : voilà encore une phrase bien de notre époque. Le temps, on en a... quand on le prend. Pourquoi différer les moments de dialogue toujours à plus tard ? *« J'ai appris d'expérience à ne jamais privilégier un moment utilitaire sur un moment de complicité,* révèle Audrey. *Par exemple, je suis en train de faire la vaisselle... Christophe vient me faire un petit bisou et me glisser un mot par-derrière. Je ne lui dis plus, comme je le faisais avant : "Attends, je finis la vaisselle !" "Attends, j'éteins l'ordi !" Non, je privilégie l'instant qu'il veut passer avec moi. Car sinon, ça n'en finit pas : il y a toujours quelque chose à faire ! Et on perd l'habitude de se parler.* » Et cette habitude perdue, le risque est grand de se retrouver, lors des moments consacrés à « devoir » se parler (les repas pris à deux, les sorties au restaurant), à se regarder en chiens de faïence sans plus trop savoir quoi se dire.

De fait, les occasions propices au dialogue sont souvent ces petits instants imprévus, pris au vol, où, ne se sentant pas obligés de parler, on en a beaucoup plus envie : *« Le soir, Christophe rentre très tard. Même si c'est furtif, on prend un petit moment pour se retrouver. On aime bien se parler au lit, dans le noir. C'est intime. Même s'il est 1 heure du matin et qu'il serait plus raisonnable de dormir, s'il y en a un qui veut confier ce qu'il a sur le cœur, on a cette douce folie de se dire : "Tant pis, je suis fatigué, mais… quelle importance !" »* Les lieux les plus propices ne sont pas aussi forcément ceux que l'on attend : *« Christophe vient souvent me parler dans la salle de bains »*, ajoute Audrey. Ah, la salle de bains ! L'endroit à première vue le plus exigu, le moins inapte à la confidence. Et pourtant, l'endroit le plus plébiscité par les couples pour se livrer : *« Samuel aime bien prendre de longs bains le week-end,* confie Elsa. *Je le rejoins avec ma tasse de thé, je m'assois sur le rebord… et on bavarde. »* À chacun donc de repérer ces petits interstices qu'offre le quotidien…

OSER PARLER DE SOI

De quoi parler alors ? La conversation démarre souvent sur des questions pratiques d'organisation du quotidien. *« Au fil du temps, avec les enfants, les problèmes d'intendance ont pris de plus en plus de place dans nos conversations »*, constate Élidjah. Mais gare à ce qu'ils ne prennent pas toute la place ! Car, même si l'on se connaît désormais plutôt bien, que l'urgence à se découvrir n'est plus trop à l'ordre du jour, la vie continue et apporte son lot de remises en cause. *« On fait aussi attention à se parler de nous, à se remettre à niveau régulièrement par la conversation*, reprend Élidjah. *On n'est pas 1 + 1 = 1, mais deux personnes différentes, c'est important de s'en souvenir ! »* La tentation de la fusion, l'illusion confortable du cocon conjugal sont aussi à combattre pour faire naître les conditions d'un vrai dialogue. Autrement, les non-dits s'accumulent sous le tapis, finissant encore une fois par nous couper la parole… ou provoquer des disputes : *« Avec Christophe, on a passé des années à se balancer des reproches à la figure*, raconte Audrey, *avant de réaliser que tout venait d'un manque de communication. »*

Les non-dits touchent souvent à des sujets qui fâchent. On les garde pour soi par crainte de déplaire, ou alors, chez les femmes le plus souvent, en raison d'un vieux fantasme d'*« être comprise sans paroles »*, dit Johanna. Grave erreur ! *« J'ai appris,* raconte Christophe, *à dire les choses au fur et à mesure. Dire tout ce qui m'a touché, trituré, froissé… souvent de minuscules détails que je réalise après coup et que je mets de côté pour les délivrer à Audrey au bon moment. »* Parler des problèmes permet de les résoudre. C'est une preuve de confiance, une façon de se mettre à nu, quitte à paraître vulnérable : *« J'ai un principe : je dis tout à ma femme,* reprend Christophe. *Je lui parle de ma révolution intérieure, de ma sexualité, de mes moindres tourments. »* Faire de son conjoint son *alter ego* privilégié, son confident, son âme sœur débloque définitivement la parole.

IL N'EST JAMAIS TROP TARD POUR PARLER…

Nombreux sont ceux parmi vous qui se disent peut-être : *« Mon Dieu, c'est trop tard. On n'y arrivera plus. »* Quand le silence s'est installé depuis trop longtemps, il semble irréductible, infranchissable. Il fait peur. Comment le rompre, comment trouver le bon moment ? Eh bien, dans ce cas, inutile de chercher le bon moment. Il suffit de tout lâcher, en vrac et sans choisir ses mots. Crever l'abcès : « *Ce qui nous a beaucoup rapprochés*, nous apprend Camille, *c'est quand, cet automne, j'ai traversé une période assez sombre. Une de mes amies s'était suicidée. Avec Jean-Baptiste, ça n'allait plus vraiment. J'étais mal. Je me sentais au bout du rouleau. Je l'ai gardé pour moi un moment, j'avais peur de plomber l'ambiance. Puis j'ai craqué un soir, je me suis mise à pleurer, je me suis confiée. Jean-Baptiste a su m'écouter. On a décortiqué ensemble tous nos problèmes, on est allés au fond des choses, même si c'était dur et douloureux.* » Et aujourd'hui ? « *Aujourd'hui, tout cela nous semble bien loin. On rigole, on parle de tout et de rien, on fait des grands débats d'idées comme avant, on se moque de nous-mêmes et, au passage, on en profite pour dire ce qui nous tient vraiment à cœur.* » Une fois l'abcès crevé, la parole retrouve sa légèreté, son allant. Elle redevient naturelle. Et paradoxalement, c'est cette complicité retrouvée qui permet aujourd'hui à Jean-Baptiste et Camille de goûter à certains moments de doux silences, qu'aucun des deux ne songerait à rompre…

8 NO SEX TONIGHT

« Non, pas ce soir, je suis fatiguée ! »

Il y a quelques années, Sébastien et Marion ont traversé, comme beaucoup de couples, une période d'abstinence : *« On ne faisait plus l'amour. Ou alors c'était rare et basique. Un devoir conjugal ! Marion n'en avait jamais envie*, raconte Sébastien. *Elle me disait tout le temps : "Non, pas ce soir, je suis fatiguée"… Elle n'avait plus de libido. Cela a fini par nous poser un sérieux problème. On s'est même demandé s'il ne valait pas mieux se séparer. Quand on ne se désire plus, pourquoi rester ensemble ? »* Cinq ans plus tard, Sébastien et Marion sont pourtant toujours ensemble. Ils semblent même plus unis que jamais. Le désir s'est réveillé. Par quel tour de magie ? *« Eh bien, longtemps, on a enterré le problème. On faisait comme si de rien n'était*, reprend

Sébastien. *Et puis, un jour, on s'est décidés à en parler.* »

EN PARLER !

Pas facile d'aborder un tel sujet, surtout lorsque le silence l'a depuis longtemps recouvert d'une chape de plomb. La pudeur, la peur de blesser l'autre ou de faire éclater le couple de façon définitive en révélant le problème dissuadent souvent. Mais que découvre-t-on lorsqu'on ose enfin se jeter à l'eau ? « *On s'aperçoit que l'autre est tout aussi malheureux de la situation que soi-même*, révèle Élidjah. *On n'est plus tout seul avec le problème, on est à deux. Et puis, le fait d'en parler est très rassurant pour le conjoint : cela prouve que l'on ne va pas voir ailleurs. Que l'on continue à miser sur la relation.* »

Pour en parler avec délicatesse, le mieux est de ramener les choses vers soi, de parler de son ressenti, sans accuser ou faire des reproches : « *J'ai dit à Marion que je souffrais que l'on ne fasse plus l'amour, que cela me manquait* », raconte Sébastien. Comment mal réagir à une telle confession ? Comme ne pas se sentir désiré, aimé ? Bien souvent, le simple fait de parler de son désir ou de sa frustration ranime chez l'autre (et même chez soi-même) la petite étincelle qui manquait. La parole électrise, émoustille. Elle permet aussi de dédramatiser le problème et de le relativiser : « *Il y a toujours des hauts et des bas dans un couple, des périodes où l'énergie manque*, témoigne Bella. *Plutôt que de paniquer et de se dire que ça ne reviendra jamais, autant en parler et même en rire. Avec Éli, on se lance des blagues du genre : "Ah ! c'est chouette, si ça continue comme ça, on aura bientôt l'impression de refaire l'amour pour la première fois !"* » Une fois le problème mis à distance, il est plus facile d'y trouver des solutions.

PRÉLIMINAIRES...

Le manque de désir vient souvent du stress, de la fatigue. Avant même de penser à faire des galipettes ou de se glisser sous les draps, il est judicieux d'essayer de se détendre. Sinon, la panne risque bien d'être au rendez-vous ! « *La sexualité, c'est une question de disponibilité*, affirme Elsa. *Si l'un des deux ne l'est pas, ça ne donne rien de bon.* » Faire un peu de sport, prendre du temps pour soi, se reposer, se pomponner pour se sentir désirable, partir en vacances ou décréter un week-end à deux sont des solutions qui semblent simplistes, mais qui parfois s'imposent et s'avèrent efficaces !

Marion et Sébastien ont ainsi pris l'habitude de coucher leurs enfants un peu plus tôt le soir. « *On les couche vers 20 heures. Cela nous donne le temps de décompresser gentiment, de vraiment se retrouver.* » Tout le monde l'aura remarqué en effet : une fois les enfants au lit, une petite période de transition est nécessaire pour atterrir et souffler. À les coucher trop tard, ce qui reste de soirée fait office de transition. Et à peine s'est-on détendu qu'il est temps de se mettre au lit… pour faire sagement dodo !

À noter, pour les parents de tout jeunes enfants, qu'une certaine fermeté est nécessaire pour faire respecter le temps du couple, ainsi que son espace. Camille et Jean-Baptiste ont bien failli se laisser piéger par leur petite Louise, qui hurlait tous les soirs jusqu'à ce que, de guerre lasse, ils finissent par la coucher… dans leur propre lit ! Constatant les dégâts occasionnés, ils n'ont pas tardé à faire marche arrière et à la laisser s'égosiller dans sa chambre. Aujourd'hui, elle s'endort comme un petit ange… laissant ses parents jouer aux diablotins. Pas tous les soirs, certes, à cause du travail (toujours lui !). « *Mais on se planifie des soirs où on laisse tout tomber. Des soirs rien que pour nous.* » Planifier n'est pas très romantique ni spontané. Mais, pour bien des couples, c'est le seul moyen de se fabriquer des temps d'intimité : *« À la longue, on se rend compte qu'il vaut mieux avoir ces moments, même s'ils sont prévus à l'avance, que rien du tout »*, affirme Bella. Et puis, pourquoi se prendre au sérieux ? *« On se donne rendez-vous*, reprennent Camille et Jean-Baptiste. *On se dit : bon, ce soir, c'est décidé, on fait l'amour ! Ce n'est pas un problème parce qu'on aime bien jouer... »* Jouer ? Messieurs dames, éloignez vos enfants... ou gardez ce qui suit pour ce soir (en vous donnant rendez-vous). Car nous entrons à présent dans le vif du sujet.

DES BIENFAITS DE L'ÉROTISME

Laissons un petit répit à Camille et à Jean-Baptiste, et retrouvons Johanna et Raphaël – souvenez-vous, les caleçons sales ! Heureusement, Raphaël a de meilleurs côtés : *« Certains soirs, on couche les enfants à 20 heures (la clé du succès !). J'ouvre une bouteille de vin, je commande des sushis. Pendant ce temps-là, Johanna nous fait couler un bain, elle dispose des bougies dans la salle de bains. On se déshabille et on se glisse tous les deux dans l'eau. On mange, on boit, on parle, on se détend...* » Pour regagner la chambre un peu plus tard, où flamboient là aussi quelques bougies. « *On essaie de faire comme si on était à l'hôtel... Parfois encore on reste dans le salon, on change de lieu.* » À l'occasion de ces grignotages nocturnes, Johanna n'hésite pas à revêtir sa plus belle lingerie. Lumières tamisées, dépaysement et jeux aquatiques sont aussi les secrets d'alcôve de Camille et de Jean-Baptiste, qu'ils pimentent de petits jeux de rôle ou de parties de cache-cache tout à fait innocents. Ou un peu moins. À chacun son style, sans tabous, entre adultes consentants, amoureux et respectueux l'un de l'autre. Bien sûr, il faut veiller à ne pas enfermer sa sexualité dans un type de jeu sexuel ou tomber dans le piège de la surenchère ! Mais un peu de folie que l'on s'autorise parce que l'on a confiance – un avantage de la longévité du couple ! – permet de nourrir l'imaginaire érotique et d'entretenir la libido. Et un jour, on se surprend à dire : « *Bon, les enfants, papa et maman sont fatigués. On vous met un DVD et on va faire un peu la sieste. Vous nous laissez tranquilles, sinon on ne va pas être contents...* », tels Élidjah et Bella qui avouent avoir encore de folles envies de « *se sauter dessus comme au premier jour* », à l'ancienne et sans chichis, après... dix-huit ans de vie commune.

9 LA FAMILLE ET LES COPAINS...

« Ne te mets pas de fil à la patte… Prends des maîtresses ! »

Retournons quelques années en arrière. Le jour du mariage d'Audrey et de Christophe plus exactement, il y a… dix-sept ans. Un très beau souvenir, cher au cœur de ce couple encore amoureux et soudé aujourd'hui. Mais terni par une petite mauvaise note : le visage de la mère de Christophe, fermé, visiblement hostile. *« Le jour même de mon mariage, juste avant la cérémonie, ma mère m'a dit : "Tu fais une bêtise"… »* se rappelle Christophe. Et tout de suite d'excuser sa maman : *« J'étais très proche d'elle, le premier à me marier. Voir partir un fils, ce n'est pas facile… »* Certes. Mais, pour Audrey, cette hostilité ne fut pas si facile à comprendre : *« Ce fut une vraie blessure. Quand tu entres dans une famille, tu as besoin de reconnaissance. Se sentir jugé au moindre faux pas, ça met la pression sur le couple.* » Qu'ont donc fait Audrey et Christophe pour tenir le coup, malgré un départ si mal engagé ?

AFFICHER LA COULEUR

Lorsque l'hostilité est déclarée, la première démarche est d'aller voir ses parents pour leur signifier que le choix n'est pas négociable. Même si ce n'est pas toujours efficace, parler a le mérite d'afficher une solidarité de bon aloi avec son conjoint. Cela évite certains débordements : *« Lorsque Audrey est tombée enceinte de notre premier enfant, ma mère n'a fait aucun commentaire. Aucune félicitation. Je suis allé lui reparler. Elle n'a plus recommencé.* » Même stratégie chez Samuel : *« J'ai perdu ma mère très jeune et j'ai toujours été très proche de mon père. Il a été contre mon mariage dès le début. Elsa n'était pas assez "bien" pour lui. Il me conseillait de ne pas me mettre de fil à la patte, d'avoir des maîtresses ! Un soir, je suis allé lui parler pendant quatre heures, en tête à tête, pour lui expliquer que mon choix était irrévocable et que, s'il m'aimait et me respectait, il devait respecter mon choix.* »

PRENDRE SES DISTANCES... SURTOUT DANS LA TÊTE

« *Mais ce qui a beaucoup facilité les choses,* reprend Samuel, *c'est quand nous sommes partis vivre à l'étranger plusieurs années. Cela a créé une distance. Auparavant, mon père était très envahissant... avec ma complicité, je dois l'avouer. On se parlait au téléphone au moins une fois par jour. Il habitait à côté et nous rendait très souvent visite.* » Ne pas se laisser envahir physiquement par la famille, éviter des visites ou des invitations improvisées (sans consulter son conjoint) est en effet également essentiel.

Cependant, l'invasion peut prendre une forme plus diffuse et se faire sentir même lorsque la famille n'habite pas à proximité. « *Le danger ne vient pas forcément de la présence de la famille ou de son jugement,* souligne Audrey. *Après tout, c'est assez romantique de s'aimer contre vents et marée. Cela peut même être un facteur de cohésion. Mais encore faut-il qu'il y ait cohésion, que chacun des deux conjoints sente qu'il est le* number one *pour l'autre et que la famille vient en seconde position.* » Ce qui suppose de prendre quelques petites distances, dans sa tête, vis-à-vis de sa famille d'origine : « *Il y a eu des moments difficiles,* décrit Audrey. *Christophe défendait sa famille, prenait toutes mes remarques comme une accusation. En fait, devant sa mère, il faisait front avec moi. Mais, au fond, il se voyait encore comme le petit garçon qui ne fait qu'un avec sa maman. Cela me rendait jalouse. Le tue-l'amour, il est là.* » Heureusement, Christophe a su prendre ses distances : « *J'ai fini par avoir un regard plus réaliste sur ma mère. J'ai admis qu'elle dépassait les bornes… Le temps aide beaucoup à cet égard : à un moment, j'ai franchi un cap. Ma famille, ce n'étaient plus mes parents, c'étaient d'abord Audrey et mes enfants.* »

FAIRE RESPECTER LA FRONTIÈRE

Toutefois, même lorsque la famille n'est pas hostile au couple, elle reste un facteur potentiel de dissensions, note Élidjah : « *On a beau dire, quand on épouse quelqu'un, on épouse aussi sa famille ! Surtout lorsque les enfants entrent dans la danse. Au début, on nous laissait un peu tranquilles, et puis, quand les enfants sont nés, tout le monde a rappliqué, les parents, les oncles, les tantes. Et chacun a voulu mettre son grain de sel, donner des conseils.* » Bella et Élidjah ont donc fixé une frontière infranchissable : « *On est tous les deux très proches de nos familles, on les voit souvent, mais personne n'empiète sur notre territoire. Toutes nos décisions sont prises à deux : l'éducation de nos enfants, notre carrière, notre logement. Quitte à ne pas hésiter à remettre poliment nos parents à leur place quand ils font des remarques. Il faut lutter en permanence pour ne pas se laisser envahir !* »

D'ailleurs, remarque Élidjah, il n'y a pas que la famille qui menace l'unité du couple. Les amis, aussi, peuvent jouer un rôle négatif.

LES COPAINS… APRÈS

N'en déplaise à Brassens, vieux célibataire, quand on se met en couple, il vaut mieux en effet réaménager ses priorités… Bella en témoigne : « *Quand j'ai rencontré Éli, il avait toute une bande de potes qui n'étaient pas du tout contents de mon apparition – ils m'appelaient "la régulière" ! De mon côté, j'avais aussi plein d'amies qui me disaient : "Mais qu'est-ce que tu vas faire avec ce type ? !"* » Et Élidjah de constater : « *Il y a eu un travail pédagogique à accomplir. Je n'avais pas envie de perdre mes copains, mais je leur ai bien fait comprendre*

que ce n'était pas à eux de décider avec qui j'étais ou pas. »

Forcément aussi, vivre en couple espace les relations avec les amis : « *Il y a un savant dosage à opérer. C'est bien de continuer à voir ses amis seul, de ne pas rentrer dans une sorte de relation fusionnelle où l'on fait tout ensemble... mais bien faire sentir que l'on n'est plus célibataire. On ne peut plus faire les quatre cents coups ensemble* », explique Élidjah. Ce dosage est la seule façon de construire une relation de confiance qui permettra ensuite au couple d'être libre de ses amitiés, ouvert sur l'extérieur, sans se laisser grignoter par des jalousies destructrices. « *On accepte de fréquenter certains amis chacun de notre côté,* déclarent Audrey et Christophe. *On n'est pas obligés d'apprécier toujours les mêmes personnes.* » Et Audrey de remarquer : « *Quand une amie me fait une confidence, je ne vais pas aller la répéter à Christophe. J'ai mon jardin secret. Ce qui me plaît et me rend plus amoureuse chaque jour, c'est de penser que nous sommes deux personnes différentes, venues de deux mondes distincts, mais que, malgré tout cela, nous sommes restés unis. Nous avons construit quelque chose.* »

10 ABSENCE D'HORIZON

« On allait de plus en plus se séparer dans notre tête, dans notre cœur… »

Pour Elsa et Samuel, malgré quelques petites dissensions familiales, tout avait bien commencé : « *On était amoureux. Il y avait des tensions, c'est inévitable, mais on y croyait. J'étais enceinte de notre troisième enfant.* » Un jour, Samuel, tout heureux, revient avec une bonne nouvelle : un poste en or lui est proposé à Londres. « *Partons tous ensemble*, propose-t-il. *Cela a toujours été un de nos rêves : vivre à l'étranger, tenter l'aventure…* » Mais Elsa, réaliste, le ramène sur terre : « *C'était impossible de partir tous ensemble. À Londres, les loyers sont hors de prix. Son salaire ne suffisait pas à couvrir les frais. Et moi, cela me forçait à interrompre mon activité. Je tenais à mon travail. Là-bas, je n'avais pas les qualifications pour travailler… surtout avec trois jeunes enfants à charge.* » Samuel part donc tout seul. Il revient le week-end. « *Nous étions un de ces couples TGV. Le week-end, on était épuisés, ce n'était pas forcément le nirvana…* reprend Elsa. *Moi, je gérais le quotidien avec les trois enfants, plus le boulot. Lui était obnubilé par son travail. On avait la tête dans le guidon, chacun de son côté. Au bout d'un an, on a réalisé que si l'on continuait à ce rythme, on allait de plus en plus se séparer dans notre tête, dans notre cœur… Nous n'avions plus aucun projet commun. À la longue, c'est le pire des tue-l'amour. Les gens disent que vivre au jour le jour, comme des amants, ça préserve. C'est le contraire !* »

Elsa et Samuel ont alors sauté le pas : « *Samuel a fait des pieds et des mains pour obtenir un statut d'expatrié et un appartement financé par la boîte. J'ai laissé tomber mon travail et je l'ai rejoint.* » Bilan ? « *Cela n'a pas été facile tous les jours. Quand on réalise un projet commun, on laisse toujours une petite part de sa vie derrière soi. Mais, en échange, on a réalisé notre rêve. Nous avons vécu une aventure familiale extraordinaire, qui nous a soudés plus qu'on aurait jamais pu l'imaginer. Tout s'est joué sur une décision. Nous avions deux chemins devant nous, on a pris le bon, même si c'était le plus escarpé. Il faut toujours se dire que la vie ne passe qu'une fois… »*

Cette longue et belle histoire pourrait servir de parabole. Dans la vie d'un couple, il y a toujours, par étapes, des carrefours où l'on se retrouve à la croisée des chemins. D'un côté, la préservation d'un statu quo où chacun, à première vue, trouve son compte. De l'autre, le changement, la prise de risque – souvent liés, il faut le remarquer, à des questions financières et matérielles –, la réalisation d'un projet commun, et donc un engagement plus approfondi à deux. Sans parler d'aventure à l'étranger, s'installer ensemble, faire un enfant, puis un deuxième, voire un troisième, acheter en commun une maison ou un appartement supposent, à chaque étape, que l'on accroisse sa dépendance à l'autre. Il est de plus en plus difficile de revenir en arrière. Et pourtant, c'est cette avancée permanente, cette capacité à se projeter ensemble vers un horizon commun qui tient le couple et lui permet de surmonter tout le reste.

FAIRE DES PROJETS

Des projets, il y en a des petits et des grands. Des projets de vacances : « *En ce moment*, témoigne Élidjah, *nous sommes sur un projet de voyage en bateau… en famille ! C'est l'idée de se retrouver tous ensemble, en milieu hostile, et de faire équipe, qui nous botte. Nous trouvons que c'est une belle idée.* » Ou des projets de vie : « *Nous sommes aussi sur un projet immobilier*, reprend Élidjah. *Nous voulons acheter une maison, avec un jardin pour les enfants.* » Mais peu importe le détail ou l'amplitude des projets : l'important, c'est d'en faire ! Car, lorsqu'on y regarde de plus près, ils recoupent tous une même réalité : continuer à vivre ensemble, s'inscrire dans une durée.

« *Quand l'on se retrouve tous les deux*, témoigne Jean-Baptiste, *j'ai remarqué que nous finissons toujours par parler de la même chose : nos projets. On va repartir cet été en Turquie tous les deux, en amoureux… Mais il y a aussi le projet des six frères et sœurs de Louise ! En fait, tout se mêle. Mais, au moins, cela nous donne une perspective. Je pense que c'est indispensable de faire des projets. C'est le moteur du couple !* » Se donner un horizon commun, à plus ou moins long terme, permet en effet de sortir la tête de l'eau et de mieux résister à la routine, d'échapper au quotidien : *« Quand on se balade,* dit Johanna, *et que l'on passe devant un petit restaurant sympathique, on aime bien se dire avec Raph : "Tiens, on pourra y aller quand les enfants seront un peu plus grands." Pour l'instant, on a peu de liberté, mais on projette beaucoup sur l'avenir. »*

PASSER À L'ACTE ET SAVOIR S'ADAPTER

On ne peut cependant se contenter de toujours faire des projets. Il y a un moment où il s'agit d'en réaliser certains, sinon, ce sont juste des paroles en l'air auxquelles on finit par ne plus vraiment croire. Les difficultés commencent : *« Réaliser un projet, lorsqu'il est sérieux, ce n'est pas une partie de plaisir. Pour déménager à la naissance de notre troisième fille, nous avons dû faire de longues recherches, des travaux,* reprend Johanna. *Je pense que c'est un moment délicat à passer, car cela génère énormément de fatigue et de sacrifices. Le projet lui-même, s'il est mal géré, peut faire éclater le couple. »* La voie, comme le disait Elsa, est escarpée. *« Il faut savoir ne pas être intransigeant,* note Johanna. *Le projet se modifie au moment où on le réalise. Par exemple, on avait décidé d'aller s'installer aux États-Unis, dont je suis originaire. Cela n'a pas été réalisable matériellement. On a su renoncer et repartir sur autre chose. Ce n'est pas évident d'abandonner un projet, surtout lorsqu'il se rattache à des racines ou à une identité. Je pense que pour certains couples, cela peut marquer un point d'arrêt. Le tout est de ne jamais perdre de vue que le projet doit rester un but commun. Qu'il ne prenne pas le dessus sur le couple. »*

PARTAGER UNE CERTAINE VISION DE LA VIE...

Au-delà du matériel, le couple gagne en effet à partager certaines valeurs, un projet de vie plus global, dont tout le reste sera une traduction à adapter au fil du temps, selon les possibilités. Projet hédoniste pour Sébastien et Marion – qui préfèrent profiter de la vie sans se soucier du lendemain ; projet spirituel pour Audrey et Christophe, qui sont tous les deux croyants et disent que leur foi leur a permis de faire la guerre mieux que n'importe quelle arme à tous les tue-l'amour ; projet politique pour Camille et Jean-Baptiste, qui se retrouvent dans une même vision de la société ; projet humanitaire pour Bella et Élidjah, qui se sont engagés en couple dans des activités associatives, ont même (avant d'avoir des enfants) travaillé dans l'humanitaire, dans des pays en guerre, et ont fondé toutes leurs valeurs familiales sur cette expérience commune, qui leur a permis de tout relativiser ; projet plus sentimental et identitaire pour Johanna et Raphaël ou Elsa et Samuel, qui continuent à rêver à de grandes aventures romanesques familiales. Derrière chaque couple, il y a un rêve. Pour ne pas qu'il se brise en chemin, il s'agit juste de ne pas l'oublier… ou le trahir.

Ouvrage composé par Facompo, Lisieux
et achevé d'imprimer en France
par France Quercy en août 2008
N° d'édition : 08133
Dépôt légal : septembre 2008
N° d'impression : 81684